L n 12309
27

BIOGRAPHIE

DU

Grand Joseph LÉONARD,

Surnommé

LE PAGANINI DU RASOIR,

OU

Le Barbier Sans Pareil.

Par le vicomte de R...

CHEVALIER DE L'ORDRE DU RASOIR D'OR , GRAND COMMANDEUR DES FEUX
DU BENGALE, OFFICIER DE LA SAVONNETTE DES TROIS ROYAUMES, etc.

BIBLIOTHEQUE ROYALE

Marseille,
Imprimerie TERRASSON, rue du Pavillon, 20.
1839.

L 27
L n 12309

PRÉFACE.

—

Semblable au roc , au pied duquel vient se briser la vague écumante , le barbier Léonard a vu des rivaux et des ennemis, chercher à lui ravir la faveur publique dont il est l'objet , et qu'il a méritée à un si haut degré. Debout et florissant lorsque ses concurrens végètent dans l'obscurité , le célèbre Léonard est encore aujourd'hui ce qu'il fut jadis, et ce qu'à l'avenir sera son fils. Un local magnifique, une boutique splendide , une politesse exquise , surtout un coup de rasoir prompt et assuré , des plats-à-barbe en terre de pipe, s'ajustant à tout menton , enfin un large et superbe fauteuil en peau de rhinocéros , parsemé en tous sens de clous à tête d'or , voilà ses moyens de séduction et les causes de sa prospérité; imitez-le, vous qui prétendez le rivaliser , cherchez à partager, et non à lui enlever ses suffrages ; c'est à ce prix qu'il a obtenu la faveur et la vogue, dont il jouit et qui lui ont mérité le juste titre du *Paganini du rasoir* !.

Admirateur de son brillant talent, le maire d'Orgon vient de lui donner en récompense, un logement à l'Hôtel-de-Ville, avec le noble emploi de secrétaire en chef des bureaux de la guerre. Voyageurs qui ne connaissez point ce Figaro provençal, arrêtez-vous un instant à Orgon, montez à l'Hôtel-de-Ville, allez vous asseoir sur le grand fauteuil doré ; là, après avoir goûté mille et une sensations agréables, sous la main délicate de l'incomparable barbier, vous direz, en vous maniant tranquillement le menton, il n'y a qu'un soleil, il n'y a qu'un Léonard !!!

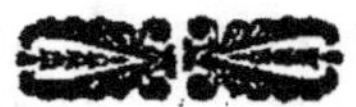

BIOGRAPHIE
du grand Joseph LÉONARD,

surnommé le **Paganini du rasoir,**

OU

LE BARBIER SANS PAREIL.

« On parlera de sa gloire,
« Sous le chaume bien long-tems ;
« La Provence en cinquante ans,
« Ne connaîtra plus d'autre histoire ;
« Là, des gens de MADAGASCARD
« Diront encor à quelque vielle,
« Par des hauts faits de LÉONARD
« Mère abrégez notre veille.

On est fortement étonné en parcourant la STA-
TISTIQUE de Provence, de ne point trouver à
l'article ORGON, le nom de JOSEPH LÉONARD ;
on ne peut deviner pourquoi un nom qui a acquis
une si grande célébrité, ait pu être oublié.

COMPATRIOTE ET AMI de cet illustre personnage, désirant réparer autant que possible, une

omission aussi injurieuse, je viens lui rendre ce qui lui est dû, en le fesant paraître dans un nouvel ouvrage qui est sous presse en ce moment, et qui dans peu, sera livré à la publicité sous le titre de **PANTHÉON DES CÉLÉBRITÉS DÉPARTEMENTALES.**

Lecteurs sévères qui m'écoutez, avant de commencer une tâche aussi pénible, je viens réclamer votre indulgence. La carrière que Léonard a parcourue, est hérissée d'une foule d'accidens si scabreux, d'événemens si extraordinaires, qu'il faudrait une plume d'airain pour transmettre à la postérité les hauts faits qui ont illustré la vie de cet homme vraiment surprenant, ou pour mieux dire, unique en son genre.

Ennemi de l'éxagération, ami de la vérité, cependant enthousiaste du merveilleux, je ne crains pas de placer mon héros, à côté du grand homme, de Napoléon !. (qu'à ce nom tout front se découvre). Chateaubriand a dit de lui, naguères : « je vais suivre « l'immense trainée de feu, que ce grand capitaine « a laissée sur son passage. » Comme cet illustre écrivain, je dirai aussi en parlant de Joseph Léonard : je vais suivre ce grand barbier, tantôt sur cette longue trace d'écume de savon qui, s'élançant du fond de son plat-à-barbe, comme la lave d'un cratère, rafraichit si souvent le menton de tant de milliers de soldats ; tantôt à travers ces mille tranchans de rasoirs que sa main a adoucis ; enfin dans ce dédale de pierres à l'huile, de pots de pommade, dans ce brocantage inextricable d'armes à feu, de poudre de guerre, de tabac, de souliers, de chemises, de bonnets

de police.... Ciel ! j'oubliais les montres !!! en a-t-il
vendu cet illustre frippier , ce protée, ce roi des bro-
canteurs ! ô *grand cassoar* ! il n'est pas un paysan
des environs, dont le gousset ne frémisse sous le poids
de quelque gros oignon d'argent que tu lui auras
vendu. Rapelle-toi, quand à l'aide d'une lame de
canif, tu fesais avancer l'une ou retarder l'autre.
Ah ! dis moi, si ces pauvres montres pouvaient parler,
que de cris de douleur, que de roues édentées, que
de pivots tordus, que d'aiguilles froissées ! mais aussi
tu étais pardonnable; on sait, Joseph, que tu travail-
lais sous une sorte d'inspiration, que tu croyais sur-
passer Bréguet, ou pour le moins rivaliser Lépine ;
mais Lavergne de Mollégès, me dira-t-on, s'était bien
mis dans le toupet d'être un Delpech, un grand opé-
rateur... pourquoi ? parcequ'il était parvenu à l'aide
d'une vrille et d'un marteau , d'enfoncer cinq clous
rouillés dans le sabot d'un mulet poussif ! Cela est
vrai, je le sais , et l'on peut bien voir par là que le
plus souvent, la réputation d'un homme tient à peu
de chose.

Où diable vais-je donc aborder ; je m'aperçois que
je place au commencement ce qui ne devrait être dit
qu'à la fin ; non, en suivant une pareille route, c'est
suivre exactement la vie de Léonard, de cet homme
toujours remuant, toujours actif, sans repos, sans
fixité aucune, vrai mouvement perpétuel qui n'a ni
fin ni commencement. Avec pareil personnage, l'écrivain a de la peine à entreprendre; il hésite, il tatonne,
il ne sait par où attaquer son sujet. Enfin, pour ne

pas hésiter davantage, et pour ne pas tenir le lecteur en haleine, je poursuis ; spectateurs préparez-vous ! le grand Léonard va paraître en scène , le rideau est levé, voici le prince des barbiers , le vrai Paganini du rasoir ; Attention !

JOSEPH LÉONARD est né vers la fin du siècle dernier. Cet artiste est le barbier le plus adroit de notre époque, il eut pour maître son respectable père Jacques Léonard. Je ferai remarquer en passant, que le jour de la naissance du grand Léonard, des astronomes de Paris signalèrent une grande comète plat-à-barbe, ayant à sa queue un réseau de petites étoiles distribuées en forme de rasoirs en croix ; ce jour là, le soleil parut ensanglanté, la flèche du clocher fut renversée par un violent coup de tonnerre qui tua en même tems deux mulets, qu'un nommé *Lauris* maquignon , conduisait à la fontaine. Une pauvre femme qui coupait du bois à la plaine, fut transportée par une trombe sur la chapelle de St Véran ; fort heureusement, elle n'eut que la peine de descendre, et en fut quitte seulement pour la perte de sa *saquette,* et de sa faucille. C'est vraiment en sortir à bon marché ! Vous Orgonais , qui connaisez la distance, vous direz comme moi. Dès sa plus tendre enfance, Léonard se fit remarquer par son caractère vif, impétueux ; le premier mot qu'il prononça au sortir du berceau fut celui de *rasoir.* A l'âge de dix ans son père le mit à l'école chez M. Etienne , là , le jeune Joseph fit des progrès rapides dans le calcul et la belle écriture ; à treize ans, il eut fini son grand livre de comptes. Sa mémoire était prodigieuse, aussi son maître l'avait pris en affection, et il le citait comme l'élève le plus distingué de sa classe ; je ne crois pas hasarder rien de trop en disant, que si Léonard avait été cultivé, il serait devenu plus tard un excellent sujet. Mais hélas ! le pauvre Joseph a fait comme la fleur qui, faute d'une goutte d'eau, sèche et meurt sur sa tige. Malheureusement sans fortune aucune, il se vit obligé, dès sa sortie des écoles, à se ruer sur le plat-à-barbe héréditaire, dans le bassin duquel jusques à ce jour, il n'a cessé de faire mousser cette écume blanchâtre, que l'on voit tour-à-tour s'allu—mer et s'éteindre, sous la main effilée de l'illustré Maëstro. Tel a été son commencement, telle sera sa fin : des savonnettes, et puis encore des savonnettes... infortuné Joseph, ce n'était point là ta destinée !!!

Je dois dire ici, en l'honneur de Léonard, qu'il fut bon fils, soumis, obéissant à son père, il ne cesait de travailler sous son guide. Leur domicile était à la grande rue. Il fallait voir le dimanche, ou mieux le 15 août, le père et le fils rivaliser de dextérité et de vi-tesse. Dans leur boutique bariolée, une foule hétérogène se disputait l'occupation du classique siège, où chaque patient venait se placer, à tour de rôle seulement, pour exercer le talent modèle du grand personnage. Là, tournant sans cesse autour de deux immenses fauteuils parsemés de clous dorés, l'un raclait le poil à un châtreur de cochons, l'autre saupoudrait des pieds à la tête un monsieur tout gallonné qu'on aurait pris d'abord pour un général d'armée, mais qui n'était rien moins que le valet de ville !!! Enfin n'importe, vous devez le connaître; je veux parler de cet homme à chapeau monté , qui souffle dans sa trompette, tantôt de la part de M. le préfet ou de M. le Maire, et tantôt d'après les ordres d'une poissonnière de Martigues, ou d'un marchand de mélons de Cavaillon. Quoiqu'il en soit, en accordant toujours son instrument sur le diapason des circonstances, l'homme gallonné n'a cessé d'y souffler jusques à ce jour. Les premières notes qui sont sorties de la trompe sonore ont salué l'aurore de la république ; comme vous le voyez, chers lecteurs , il y a long-tems que le musicien est en haleine ! pu'sse-t-il après avoir tant soufflé, ne pas se laisser souffler lui-même; c'est ce que je lui désire. Ainsi-soit-il.

Retournons à la boutique du grand Léonard. C'était encore là que se rendaient les farceurs du pays, camarades du barbier. De tems en tems on fesait enrager le père ; tantôt c'était Auguste Espigue, dit *lou flasquou*, qui lui disait : *Jacquet a mangé la dinde*; tantôt arrivait Joseph de Coque qui le tirait par la queue ; enfin, entrait tout essoufflé le gros Vincent qui se plaignait à maître Jacquet, de ce qu'il ne lui avait pas assez pommadé sa tresse à neuf cordons ; il fallait alors recommencer, et mettre sur une grande couche de graisse au jasmin , un récrépissage poudreux d'amidon à la violette ; durant cette opération , le gros Vincent, au milieu d'un nuage de poudre, ne cessait de crier au père Léonard : *boun*

dieou ! boun dieou ! fés attentioun Jacquet, m'avuglas
foustré, li vésé pa plus.

Quand le calme succédait à cette tempête , à cet
ouragan de coups de raso'r, de coups de peigne, l'infatigable Léonard qui avait un goût prononcé pour les
plaisirs du bal se rendait à la salle verte , en pan-
talons de bazin blanc, et en veste de Nankin. Là se
trouvaient réunis déjà de terribles rivaux qui, certes,
en matière de danse ne lui cédaient en rien, ni en
pirouettes , ni en ailes de pigeons. C'était pour les
spectateurs, un vrai plaisir que de voir à la même
contredanse , les quatres meilleurs danseurs réunis,
le grand Léonard , Tony Berthe, Joseph Granier,
le lutteur, et François Mourard. On se pressait
autour d'eux, on admirait ces flas–flas , ces terre-à-
terre, ces entrechats en quatre, ces brisés en avant,
en arrière, c'était à qui mieux mieux, et on eut vraiment dit que les quatres pirouetteurs, voulaient prendre leur essor vers l'immortalité. Mais aussi quand
paraissait le crépuscule du matin , que de mollets
souffrants, que de crampes , que d'entorses, que de
chevilles foulées ! les danseurs exténués se retiraient
alors clopin-clopant, ayant à leur tête le grand Léonard
qui, d'une voix de stentor, chantait chemin fesant la
chanson si en vogue à cette époque :«*partant pour la*
Syrie le jeune et beau Dunois». À les voir se traîner
si péniblement, on aurait cru ne pas les retrouver
le lendemain : mais pas du tout, à la même heure,
c'est-à-dire à l'ouverture du bal, on les voyait arriver
frais et dispos, dansant de plus belle, comme si rien

n'était; Philis par un coup de sa baguette magique, semblait avoir versé un baume salutaire , qui au même instant avait cicatrisé les plaies de la veille.

Léonard était aussi passionné pour chanter des romances ; sa voix était celle de ténor léger, au besoin il était musicien ; le flageolet était son instrument favori ; il en jouait admirablement. Bien souvent je me suis éveillé, croyant entendre un rossignol caché sous l'épais feuillage des platanes de la place ; douce erreur, la plaintive Philoméle qui avait agréablement troublé mon sommeil, n'était rien moins que le langoureux barbier passant la nuit à roucouler sous mes fenêtres , adressant à sa Dulcinée, tantôt une sentimentale et douce romance , tantôt une vive roulade en sons mélodieux et touchants.

Au goût du chant et de la musique , l'amoureux Figaro joignait encore celui du noble jeu de billard , dans lequel il excellait. A une certaine époque , il fut le seul des joueurs du pays qui ne se laissât pas enfoncer par le fameux Gasquet ; au contraire, il sut si bien se tirer d'affaire , qu'il gagna à ce dernier deux ou trois douzaines de mouchoirs ; d'autres joueurs moins méfiants que le barbier , se retirèrent de la partie après y avoir laissé jusques à leur dernier sol. Dans une autre circonstance , Léonard gagna aussi au jeu de bilboquet , six paires de rasoirs d'un remouleur de la Lorraine : peu s'en fallut qu'un combat à coup de poings ne suivit cette partie. Le Lorrain, furieux d'une perte semblable , demanda la revanche au piquet ; Léonard refusa et ce fut alors

que le gagne-pet t s'emporta en invectives et traita le
barbier de Merlan-frit. Plusieurs personnes qui se
trouvaient sur la place , se mirent entre les deux
champions et s'opposèrent ainsi à un combat qui
aurait pu devenir sanglant.

Le grand Joseph était aussi très fort joueur de
boules ; il les enlevait sur place à quarante pas de
distance. Plusieurs fois il m'est arrivé de le voir
tirer sur une boule , et la faire voler en éclats.
Malheur alors aux amateurs qui se trouvaient trop
rapprochés : on eut dit qu'un obus venait d'éclater,
l'un se trouvait blessé à la tête , l'autre aux jambes ;
c'était un vrai champ de bataille ; aussi par la suite,
les spectateurs eurent soin de s'éloigner toutes les
fois que l'intrépide joueur se disposait à tirer. En ce
moment, sa pose était admirable : la boule sous
l'œil droit, le jarret gauche tendu , le poignet à la
hauteur du menton , et le bras raccourci , on eut
pris le barbier pour Jupiter prêt à lancer la foudre.
Oh ! si j'avais été peintre !!! Oui Léonard , ton por-
trait serait aujourd'hni placé au musée historique de
Versailles.

Comme j'ai pris à tâche de faire connaître au
public les actions , les hauts faits et les goûts de
l'extraordinaire barbier , je dois dire encore , qu'il
excellait dans l'art de la pêche à la ligne ; c'était la
destructeur des barbeaux de la Durance ; il ne man-
quait jamais de rapporter du poisson ; à tel point ,
que dans les fortes chaleurs de l'été , époque à laquelle la marée n'arrive pas à Orgon , on allait

prier Léonard de s'armer de sa ligne , et l'on était sûr demi-heure après, d'avoir sur sa table un barbeau de deux à trois livres.

Léonard doit être cité comme un marcheur infatigable et sans pareil : on l'a vu régulièrement chaque année , partir le matin d'Orgon à six heures pour Beaucaire , et être de retour le soir à pareille heure. En 1830 , ce grand vélocipède à jarrets d'acier , fit le trajet d'Orgon à Toulon en dix-sept heures de tems. J'assistai à son départ, et il me dit en fesant ses adieux , qu'il allait chercher les papiers d'un remplaçant ; j'étais sur la route royale , au pont du port vieux , dans un clin d'œil , je le perdis de vue , ne pouvant distinguer au loin qu'un immense tourbillon de poussière qui semblait l'accompagner.

Léonard a toujours joui d'une excellente santé , il est encore très robuste. Dans le temps , sa force musculaire consistait dans celle du poignet. Malheur à la main imprudente qui passait par la sienne ! elle en sortait froissée , toute disloquée ; on avait beau crier , Léonard ne pressait que davantage pour vous apprendre à être plus prudent une autre fois , et à ne point venir si témérairement se mesurer avec lui.

Sous le temps glorieux de l'empire , l'illustre barbier paya sa dette de sang à la patrie. Il partit comme grenadier pour l'armée d'Italie. Je raconterai à ce sujet une aventure qui arriva au jeune conscrit ; je la tiens de lui-même. — Un soir, m'a-t-il dit , étant sur les bords du Tibre en sentinelle avancée, il aperçut un Lazzaroni qui , couché à plat ventre , s'occu-

pait à délier les courroies du sac d'un pauvre soldat
endormi de lassitude. L'intrépide Léonard se dirigea
de suite par des détours, du côté du voleur, et
l'ayant surpris au moment où il avait fini d'enlever
le sac, il lui fit sauter net le poignet, en lui portant
un grand coup de sabre. Le lendemain, l'enfant de
la Provence reçut les gallons de caporal et le brigand
napolitain fut fusillé au milieu du camp. On sut plus
tard que c'était le terrible bandit Pietrino Scapamonti,
depuis longtems les troupes pontificales l'avaient
poursuivi sans pouvoir s'en emparer.

Léonard aurait continué la carrière militaire, mais
les événemens désastreux qui vinrent plus tard tra-
verser le bel avenir de cette France si glorieuse, de
cette France, qui devait dicter des lois au monde
entier, le forcèrent de renoncer au métier des armes.
Il quitta donc l'habit bleu, suspendit à un clou le
sabre de batailles, et s'arma pour la seconde fois du
pacifique rasoir, alléguant qu'on était plus tranquille
au milieu des savonnettes qu'au milieu des balles
qui avaient sifflé à ses oreilles.

Quelque temps après, sous le règne de Louis
XVIII, le barbier voulant, comme tant d'autres,
se conformer aux circonstances, substitua aux boutons dorés de l'aigle impériale d'autres boutons
argentés aux pacifiques fleurs de lys. Après avoir
mutilé aux trois quarts l'habit bleu de l'empire, et
enlevé tout ce qui pouvait alors paraître séditieux,
le grand Léonard entra dans la garde urbaine qui
fut formée à cette époque. Il conserva son grade de

caporal des grenadiers ; ce fut même en cette qualité que , lors du passage de la duchesse de Berry à Orgon , le barbier caporal fut envoyé en éclaireur , à la tête de son escouade, pour reconnaître une compagnie de gardes d'honneur à cheval qui arrivait d'Arles , tout exprès pour escorter la princesse jusques au pont de la Durance.

A l'approche des cavaliers tous montés sur des chevaux blancs de Camargue , Léonard se porta en avant, précédé du tambour Joseph Sarmand et du trompette Pensaben dit Bacchus ; arrivés à une certaine distance , l'intrépide caporal fit ranger sa troupe en bataille et prononça d'une voix de Stentor le *qui vive* d'usage ; sur la réponse France ! amis ! il fit battre aux champs , commanda l'*apprêtez armes* , et aussitôt une salve de mousqueterie salua la garde d'honneur qui défila au petit pas.

Au même instant , les fantassins Orgonais sous le commandement de leur caporal , firent demi tour à à gauche, et se divisant en deux colonnes, accompagnèrent ainsi la cavalerie qui arriva aux portes de la ville en exécutant des fanfares guerrières. Là, après avoir mis pied à terre , le brave et facétieux M. Rigaud qui fesait partie des musiciens , ne put s'empêcher de s'écrier , en admirant Léonard ; *ô qunte esclapassou d'hommé! semblou la Piramidou!. Amen, meis amis*, ajouta-t-il en embouchant le cor, *un air expré per eou* ; au même instant , et d'un ensemble parfait , les musiciens entonnèrent l'air chéri : « *où peut-on être mieux qu'au sein de sa famille.* » Léonard attendri jusqu'aux larmes embrassa soudain M. Rigaud ; la garde urbaine en masse, pénétrée de reconnaissance se fit un plaisir d'héberger à domicile les cavaliers ; c'était à qui les aurait chez soi, à qui leur ferait le plus gracieux accueil. Le restant de la journée se termina ensuite en une espèce de fête qui se prolongea bien avant dans la nuit ; dans tous les cafés, la bière coulait à grands flots, des toasts réciproques furent portés, d'une part, à la garde d'honneur ; de l'autre, à la gloire de l'immortel barbier.

A leur tour, les Orgonais furent invités quelque temps après, à une course de taureau qui eut lieu à Arles ; grands dîners, bals, théâtres etc. rien ne fut épargné pour les recevoir d'une manière splendide. A leur retour, ils ne manquèrent pas de rendre compte de la magnificence avec laquelle ils avaient été reçus.

Cependant, quelques uns sur le nombre, eurent lieu plus tard, de se ressouvenir du patriotique voyage, surtout de ces aimables Laïs à jupons courts qui, logées près des grandes Arènes, accordent si complaisamment l'hospitalité aux curieux qui vont visiter ces débris séculaires, tableau parlant de la grandeur romaine ! N'allons pas plus loin, laissons de côté les Arènes et ses accessoires ; grands, tristes, doux et cuisants souvenirs !!! *Ipse miserrima vidi, et quorum pars fui !* sans nous arrêter davantage aux bagatelles de la porte, fuyons au plus vite ces ruines entourées de syrènes trompeuses, retournons

BIBLIOTHÈQUE ROYALE
I

pour goûter d'autres charmes , sous le rasoir si doux de l'illustre barbier.

Plus tard , fatigué de vivre garçon, le grand Léonard jugea à propos de se marier, et eût bientôt une nombreuse famille, dont l'aîné est le fameux Toinon , élevé par son père dans la barberie, il rivalise aujourd'hui avec son maître. Son coup de rasoir est délicat et sa main sûre, on peut bien dire de l'héritier présomptif du cuir à rasoir, en le comparant au père, *talis pater* , *talis filius* , c'est-à-dire en bon patois : *Leis chins fan pas de ca.*

Laissons le merveilleux Toinon, et passons un instant au cadet le gros François. Celui-là se fait remarquer par son embonpoint et par sa force précoce. C'est un petit Hercule ; c'est la terreur des jeunes gamins de la place ; avec lui, ils n'ont pas besoin d'élever la voix, ou de faire quelques réclamations ; pour toute réponse, il n'a que coups de poing, coups de pied, et taloches ; tel est le jeune François. Son père l'idolâtre et lui a défendu de toucher aux rasoirs patrimoniaux ; il le réserve, m'a-t-il dit, pour un métier plus noble et plus élevé ; il veut le percher sur l'impériale d'une diligence, c'est-à-dire en faire un conducteur. Léonard a encore d'autres enfans , mais je n'en parlerai point ici.

Je croirais manquer à mon devoir, en omettant la moindre particularité de la vie de l'homme, que j'ai voulu montrer dans toute sa splendeur ; je vous apprendrai donc que Léonard s'est aussi distingué, dans l'art d'élever les calandres , et les chardonnerets. Il

ne craignait pas d'aller à demi lieue du pays, et dans
les plus fortes chaleurs de l'été, chercher pour les
oiseaux tantôt un brin de séneçon, tantôt une sauterelle. Arrivé ensuite tout trempé de sueur, on le trouvait dans sa boutique perché sur une chaise, distri-
buant à ses jeunes élèves la pâture qu'il était allé se
procurer si loin. Ce que je dis ici, est au pied de la
lettre. Je puis ajouter sans mentir, que je l'ai ren-
contré moi-même, sur les graviers de la Durance,
courant à perdre haleine, après une sauterelle que je
prenais de loin pour quelque jeune cailleteau, tant
elle me paraissait grosse. Léonard finit par l'attraper,
à l'endroit qu'on appelle, le Trou-Turquet. C'était
là que j'étais assis, et qu'au loin je voyais le barbier,
courir pendant un certain tems, et puis se courber
par intervalle.

Déjà relancée plusieurs fois, la sauterelle partait à
chaque remise, comme un perdreau maillé qu'un pâtre
cherche de forcer à la course. Témoin de cette ma-
nœuvre, je riais aux éclats : Léonard était étendu
sur le sable, non loin de moi ; il tenait d'une main
la pièce de gibier, et de l'autre s'essuyait la figure
avec un mouchoir. M'ayant aperçu, il se releva
précipitamment et tout rayonnant de joie, il se mit à
crier en me montrant *la bécassine de St-Jean* qu'il
tenait par les pattes : « *moussu Collange, n'en vaqui
« une dei bellous ; lei dé dieou ! sembleou un perdi-
« gaou !!!.* » M'étant alors approché, je vis distinc
tement que le cailleteau n'était autre chose qu'un de
ces insectes ailés, dont l'auteur de l'apocalypse s'est
nourri pendant nombre de jours.

Léonard a été l'homme universel ; habile en tout, toujours prêt à rendre service, il fut requis un jour par le maître de poste, pour aller conduire, à défaut de postillon, une magn fique berline à 4 chevaux. Parti environ un quart d'heure après d'autres voi tures, le barbier postillon les dépassa un péu avant d'arriver à Sénas. Le pavé étincelait sous les pieds des chevaux ; les tourbillons de poussière qui s'élevaient dans les airs, le bruit perçant des grelots, les coups de fouets cadencés, firent sortir sur leurs portes les personnes qui entendirent cet infernal charivari. On ne savait plus ce que c'était ; jamais dans Sénas on n'avait entendu un vacarme si épouvantable ; le grand Léonard, tout blanc de poussière, était méconnaissable, personne n'aurait pu le reconnaître sans un de ses confrères qui se mit à crier : *vésés pas qués lou long Léonard, lou barbier d'Ourgoun.* Ce frater était le respectable mari de la Bourbouyade, demeurant et domicilié à Sénas ; vous le connaissez tous.

A son arrivée au pont royal, Léonard ne fit qu'un saut de cheval à terre. En un instant il fut entouré d'une foule de curieux, qui se trouvaient dans la remise de l'hôtel de la poste. A peine l'eût-on reconnu, qu'on s'empressa de l'applaudir ; ce fut alors, au milieu de ce tonnerre d'applaudissements, que l'illustre voyageur qui était dans la berline, baissa le vasistas, et demanda fort étonné, ce qui pouvait donner lieu à une telle ovation : ce voyageur était le grand TALMA. On lui répondit que le postillon qui l'avait si bien conduit , n'était rien moins qu'un barbier recruté à Orgon, et que c'était sa métamorphose en courrier, qui avait provoqué les applaudissemens. Le roi de la tragéd e toisa soudain le noūveau Phaëton des pieds à la tête , et après lui avoir glissé une pièce d'or dans la main , lui dit avec un ton de grandeur : « un jour, téméraire barbier, tu « diras à tes fils que tu as conduit en poste le cruel « Néron empereur des Romains !...» A ces mots, le pauvre Joseph resta tout ébahi. Après avoir remercié le sublime acteur, il fut droit au cabaret, où il but un verre de vin à sa santé; cette précaution prise, il enfourcha son coursier et faisant claquer son fouet, il partit comme l'éclair en saluant l'aimable compagnie, c'est-à-dire , les habitués de la remise. Quelques jours après, cette aventure fut connue dans tout l'arrondissement : on ne parlait que de Léonard et de Talma.

Jusques ici , comme on aura bien pu le remarquer , la vie du grand Léonard est remplie d'éloges justement mérités. Néanmoins , en écrivain impartial , je ne passerai pas sous silence un fait qui, sans doute, ne sera pas à sa gloire; je reprocherai donc à Léonard d'être parfois trop irascible , trop emporté et même trop sévère envers ses enfans. Je tiens de bonne source , qu'étant un jour en colère contre son fils Toinon , il arracha des mains du gros Esp gue une énorme racine de vigne sauvage qui lui servait d'appui, et fondant sur le pauvre enfant , comme un aigle sur la timide gazelle , il lui brisa du premier coup, le bâton sur les reins. Le jeune Toinon prit aussitôt la fuite, sans verser une seule larme, et de deux jours ne parut point sous le toit paternel. Le gros Espigue privé de sa béquille, tenant les bras levés vers le ciel, appelait par des imprécations et d'horribles blasphèmes, la colère divine sur la tête du furibond Léonard : *miserere mei* ! s'écria le barbier, s'apercevant de la rage et du désespoir du podagre. La sœur quêteuse de l'hospice, cauchemar de tous les voyageurs qui passent à Orgon, se trouvait, en ce moment, à l'endroit même où la scène venait d'avoir lieu. Voyant que le goutteux désarmé se dirigeait vers elle sans chapeau, d'un air tout effaré et la chevelure en désordre, elle crut, la sainte fille, apercevoir Satan prêt à la saisir. Fuyant alors à toutes jambes, et fesant dans sa course précipitée de grands signes de croix, larges au moins de quatre pans au quarré, la nonne tremblante arriva dans sa cahute où se précipitant d'une main sur le bénitier, et de l'autre sur le Christ en plâtre, elle se mit à crier d'une voix perçante : *ab insidiis diaboli, libera nos Domine.*

J'entends ici chers lecteurs, de long éclats de rire ; quelqu'un de vous a proféré le mot mensonge, eh bien incrédules ! non, je ne mens point, le gros Espigue est encore, dieu merci, plein de vie, interrogez-le, lui-même vous racontera le fait tel que je le rapporte. De plus, il vous dira que sensible à la perte douloureuse qu'il venait de faire en la personne de sa chère *lambrusquière*, il m'écrivit à Arls pour la lui remplacer. Quelques jours après la réception de sa lettre, j'eus le plaisir en venant à Orgon, de lui en offrir une cueillie dans les sables de la Camargue. C'est celle qu'il possède aujourd'hui, et que vous avez pu voir entre ses mains. Cette *lambrusquière* est également pleine de vie et de santé ; on peut la voir à l'hôtel de Londres, depuis le lever du gros Espigue, jusques à son coucher ; son luisant d'acajou, la symétrie des nœuds qui l'entourent, la font remarquer de tous les voyageurs qui s'arrêtent dans cette auberge, sans contredit la meilleure du pays et la plus fréquentée. Comme St-Roch et son chien, la canne est devenue inséparable de son maître, elle le suit partout, ne le quitte jamais. Malheur ! cent fois malheur ! à l'imprudent qui, comme le furibond Léonard, se permettrait d'y porter une main profane ! Pour venir à l'appui de ce que j'avance, je dois vous dire qu'un jour le gros Espigue fut sur le point d'embrocher le garçon d'écurie Talet, parce que celui-ci s'était permis de prendre la canne au coin de la cheminée, pour chasser un chien de la cuisine de l'hôtel. Par bonheur pour lui, voyant le gros Espigue s'élancer sur la broche, il jeta la canne au milieu de l'appartement, prit la fuite et se sauva dans la remise. Je crois que j'ai assez parlé du gros Espigue et de sa *lambrusquière* ; je vais les laisser. Puissent-ils exister l'un et l'autre et vous aussi chers lecteurs, *in sœcula sœculorum* ; c'est ce que je vous souhaite à tous !

En vous donnant ma sainte bénédiction j'étais, sur le point de terminer ma noble tâche, mais au moment même, un ami vient de m'apprendre par lettre, une aventure qui mérite d'être ajoutée aux autres. L'illustre professeur ès-barbe, m'a-t-on écrit, vient d'éprouver dernièrement, le même sort que l'infortuné Malchus, dans la passion de notre Seigneur. Il parait, d'après les renseignemens qu'on vient de me donner, que le malencontreux barbier a perdu une oreille, non par un coup d'épée, mais fort bien par un coup de dent. Un temoin oculaire, le même de qui je tiens le fait, m'a dit que le grand Joseph, provoqué à un combat à coups de poing, renversa du premier coup son adversaire; mais que celui-ci, dans sa chûte, avait par un croc en jambe, entraîné le barbier, et lui avait mordu une oreille qui lui était restée entre les dents, comme un bifteach aux pommes de terre.

O vorace boxeur ! quel appétit était donc le tien ? ne sais-tu donc pas que pour un fait semblable, tu t'es mis au rang des antropophages ?... puisse un pareil combat ne pas recommencer ! c'est ce que je me permets de vous conseiller en qualité d'ami de l'un et de l'autre ; je n'ai qu'un mot à vous dire : *pax vobis cum* ; que la paix soit avec vous ! Je crains bien qu'en vous prêchant ainsi, je ne fasse comme plus d'un prédicateur, que je ne jette autant de paroles au vent ; *aures habent et non audiunt.* Quoiqu'il en soit, je pardonnerai encore au pauvre Léonard de ne point m'entendre, car de deux oreilles, il n'en a plus qu'une ; mais que celui qui en a deux, profite de mon conseil, et comme un bon chrétien, aille se jeter aux pieds de Joseph, lui dise en embrassant ses genoux : *Joseph ! Joseph ! peccavi peccavi , et malum tibi feci.*

Peut-être que Jullien trouvera un peu humiliante cette position de se mettre à genoux ; mais qu'il sache que lorsque je l'engage à se tenir si bas , c'est que je crains pour l'autre oreille que Léonard a encore, qui sait si en l'embrassant , la fantaisie ne viendrait pas au cuisinier de... savez-vous ce serait bientôt fait... crac , et voilà le barbier sans oreilles. A genoux ! à genoux ! donc maître d'hôtel antropophage ! fais ce que j'ordonne . Léonard se laissera attendrir, et se précipitant dans tes bras , il te dira : oui , Jullien je te pardonne ; n'y pensons plus ; allons chez M. Lavoudès boire une rasade, et que tout soit fini là.

Je pourrais encore facilement discourir sur Léonard, mais je m'aperçois que je vous ennuie ; une fois pour toutes , je veux en finir. Tout ce que je me bornerai à vous dire , pour la clôture définitive et sans remise , c'est que cet homme sans égal, est le meilleur barbier et le plus adroit qu'on puisse trouver à deux cents lieues à la ronde. Adressez-vous directement à lui , il vous dira que sa boutique a eu autant de visiteurs que le palais des Tuileries ; il vous racontera aussi qu'à partir de l'empire , il a eu l'honneur de raser alternativement Thibaudeau , M. Paris, M. de Villeneuve, le général Dufour, Casimir le ventriloque , quantité d'autres grands personnages tels que le prince de Metternich, lord Posonby ,

Perraniga le phys cien , Lantou le garde chiourme , jusques à Balthazar de Sénas et le bedeau de la cathédrale de Cabanes ; tous successivement, lui ont fait compliment sur sa dextérité et la légèreté de sa main. Moi, son compatriote et son ami, j'ai voulu écrire une page de la vie de cet homme extraordinaire ; j'ai voulu faire connaître à la Provence, son mérite et ses rares talents. En lui rendant cet éclatant témoignage, j'ai cru m'acquitter d'une dette sacrée envers mon pays. Puissent mes compatriotes l'accepter avec bienveillance ! c'est là le seul objet de mes désirs.

Adieu mes amis ; adieu cent fois adieu, sublime Léonard ! repose maintenant sur tes lauriers : la postérité dira de toi comme de Louis XIV : *nec pluribus impar* (sans égal) ! telle est l'inscription qui dorénavant, de père en fils, brillera sur ton écusson ; c'est ta devise, à toi seul elle appartient. Honte et anathème à celui qui voudrait te la ravir ! tranquillise toi ; l'auréole de la gloire ceindra ton noble front. Un jour, la patrie reconnaissante t'élèvera un monument dans le pays qui t'a vu naître ; tu seras représenté sur un cheval de bronze, tenant d'une main un plat à barbe d'argent, de l'autre un rasoir de Damas. Sous les pieds du coursier fougueux seront entassés pêle et mêle, tous ces cruels écorcheurs, ces barbiers impitoyables , qui brutalement , enlèvent le poil à la pratique , comme pourrait le faire Bousanquet à un cochon étendu sur le sanglant pétrin.

Le monument sera élevé en face de l'Hôtel-de-

Ville , à l'endroit où jadis était l'arbre de la Liberté.
Sur les quatre coins du piédestal sera placée , en
lettres d'or , cette inscription en vers :

Jamais ! non , non , jamais une gloire aussi belle ,
Orgon, noble pays , sur toi ne vint jaillir ;
Sans Léonard , l'oubli t'eût couvert de son aile ,
Et l'oubli c'est la mort des siècles avenir !
Pour toujours , Léonard , le Panthéon t'appelle ,
Héros du plat-à-barbe , oh ! tu ne peux mourir !

Ta mort , oui , si la mort, de tes talents jalouse ,
Espérait te raser , toi qui rasas long-temps ,
Orgon les yeux en pleurs, comme une chaste épouse ,
Ne refusera pas d'adopter tes enfans !..
A leur aspect , les flots, sur nos sables mouvans,
Rediront dans leurs cours ce vers pour toi funeste :
Du plus grand des barbiers voilà ce qui nous reste ?

FIN

BIBLIOTHÈQUE ROYALE

www.ingramcontent.com/pod-product-compliance
Lightning Source LLC
Chambersburg PA
CBHW071433030726
47594CB00006B/2719